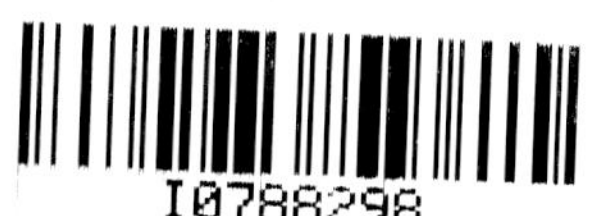

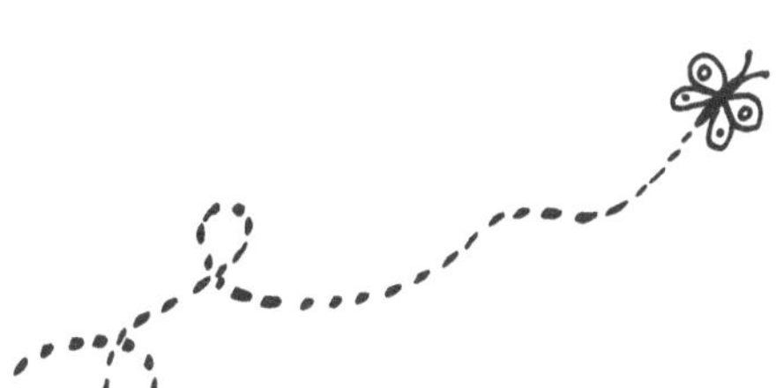

Ce livre de coloriage appartient à :

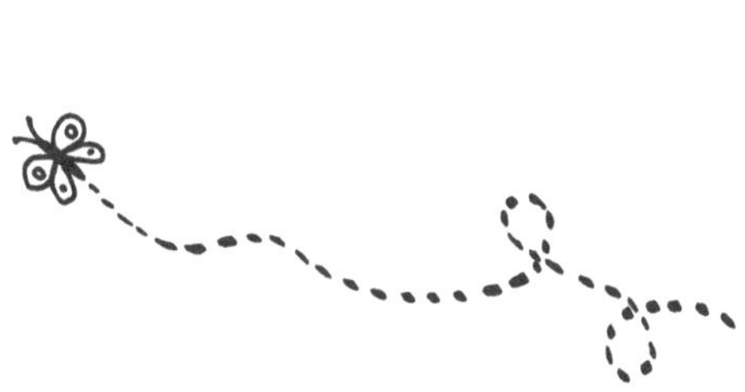

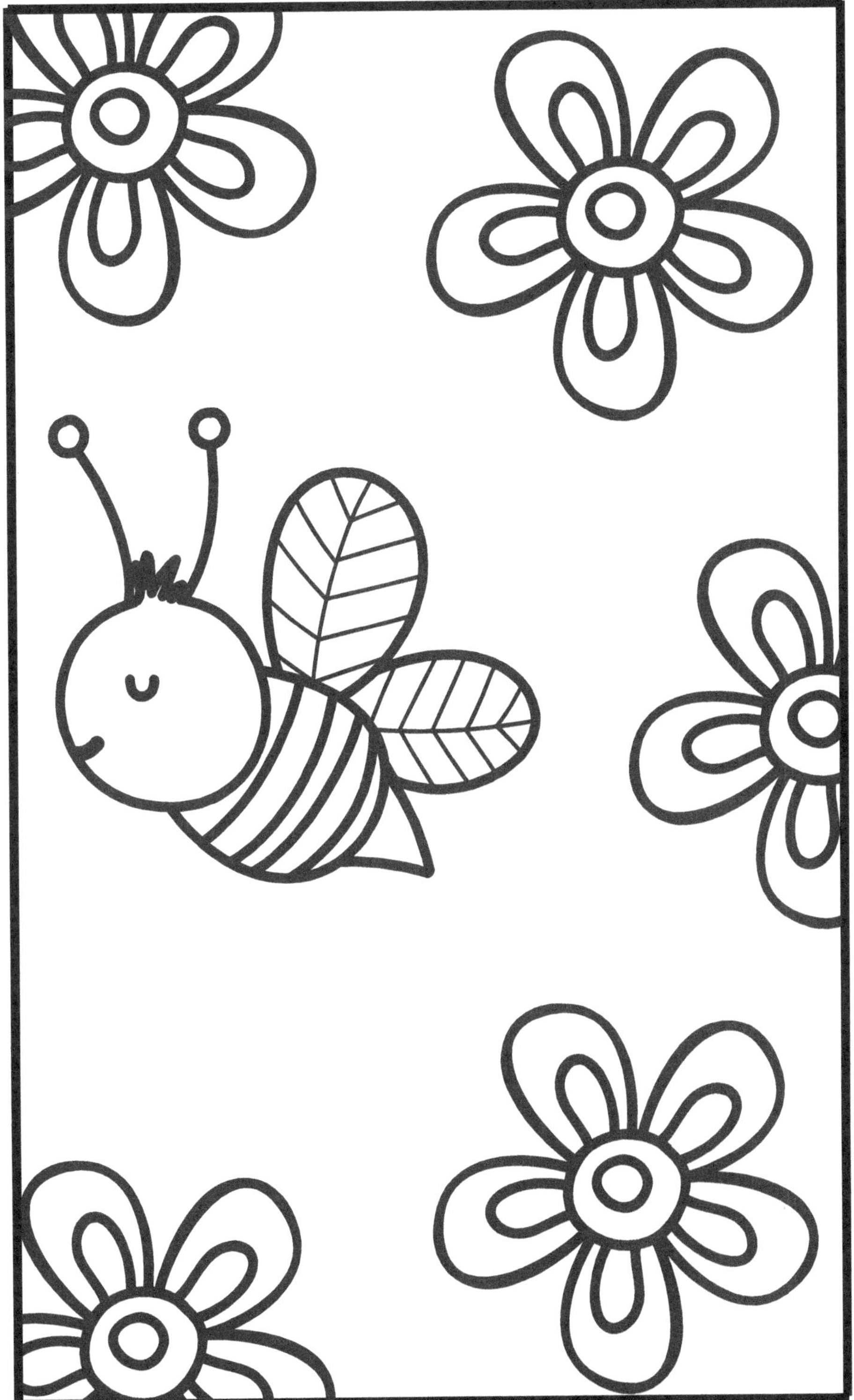

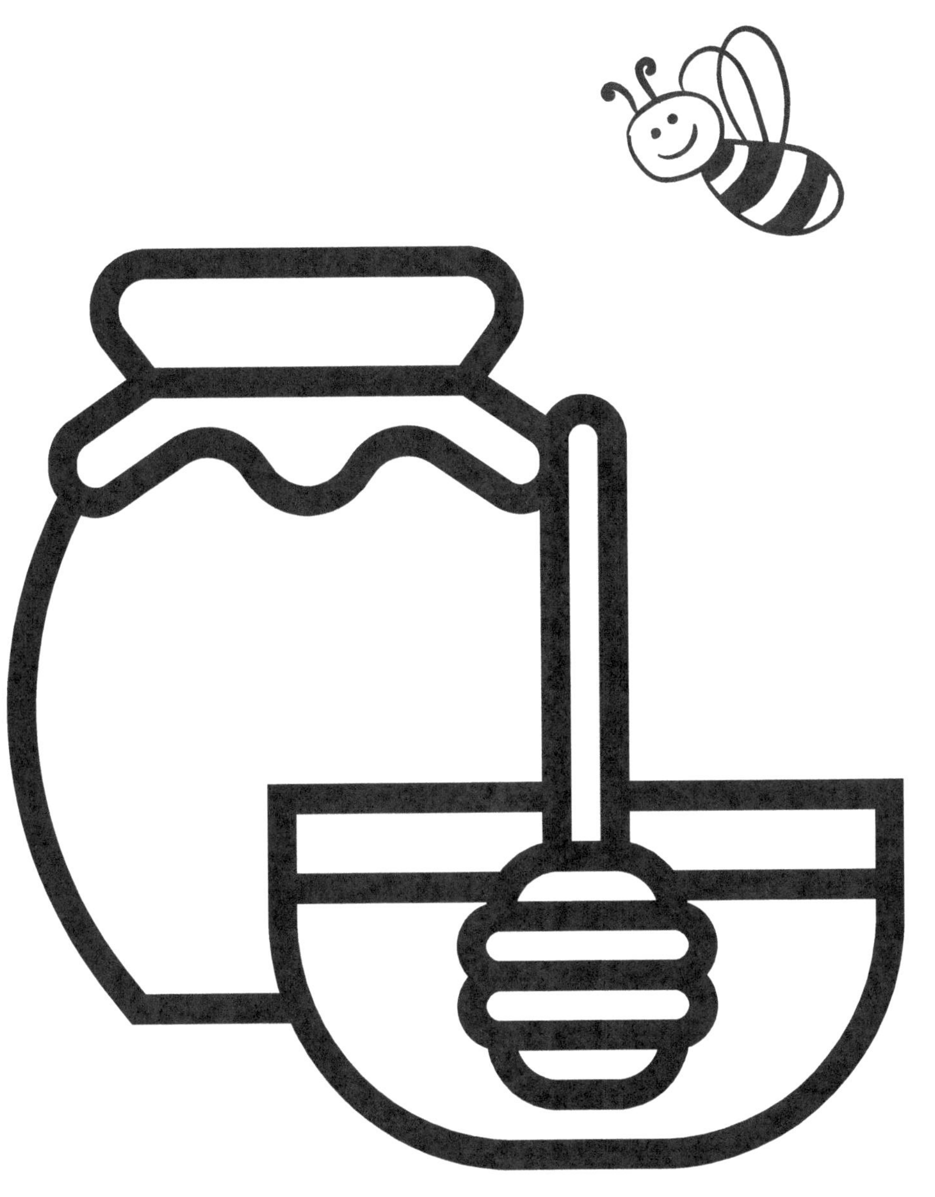

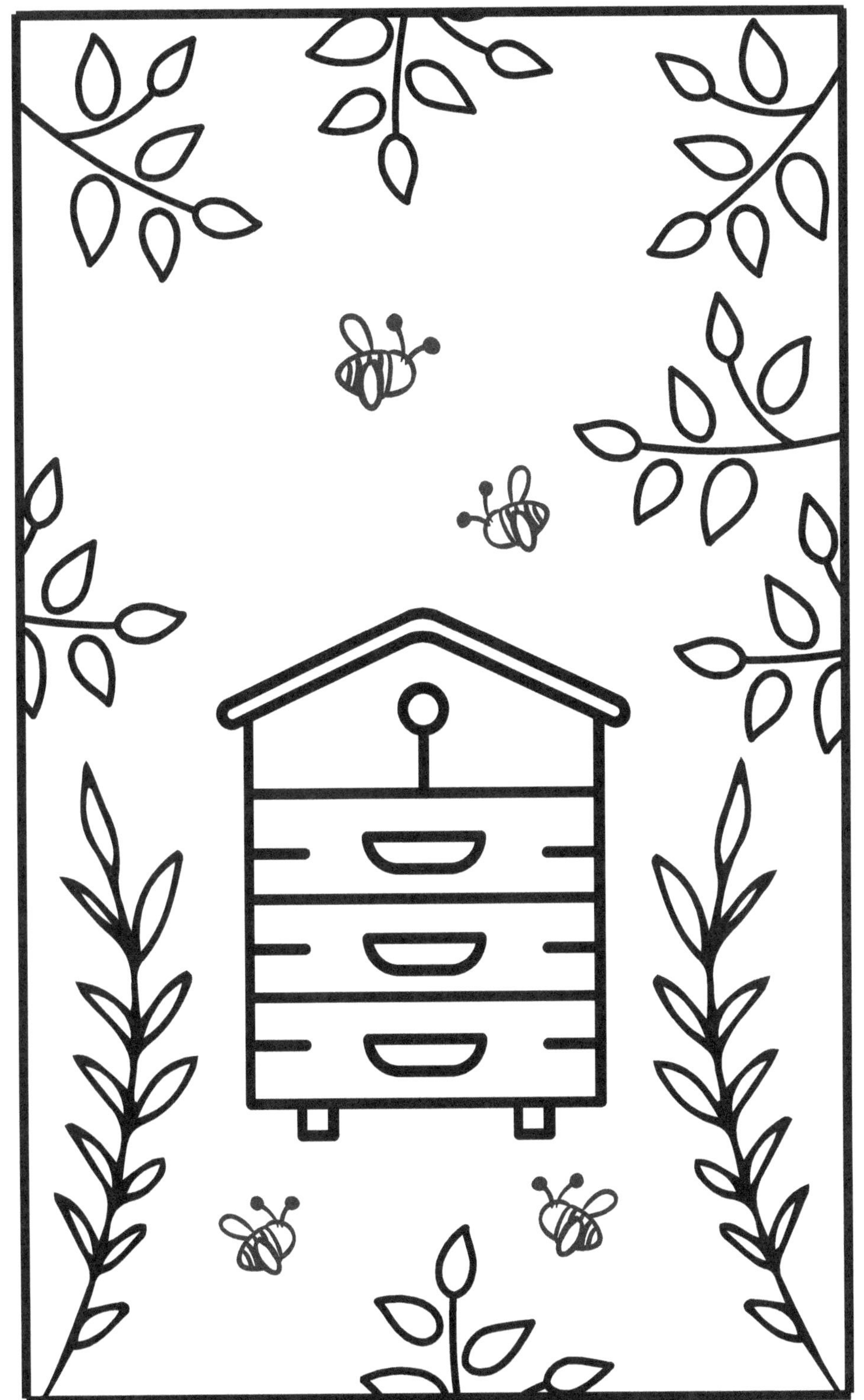

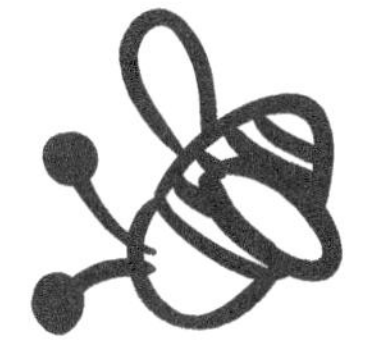
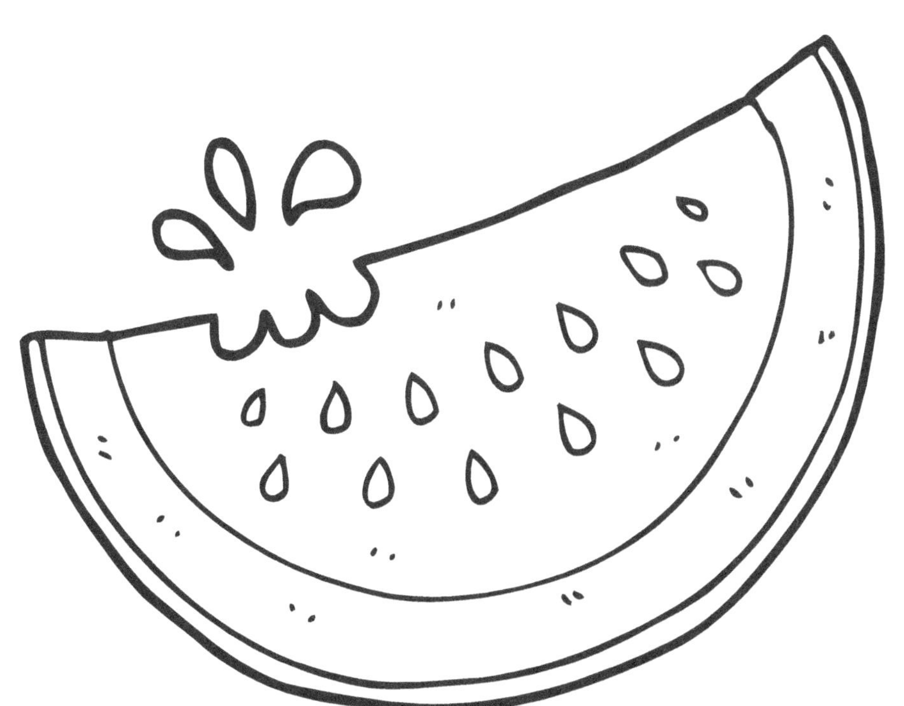

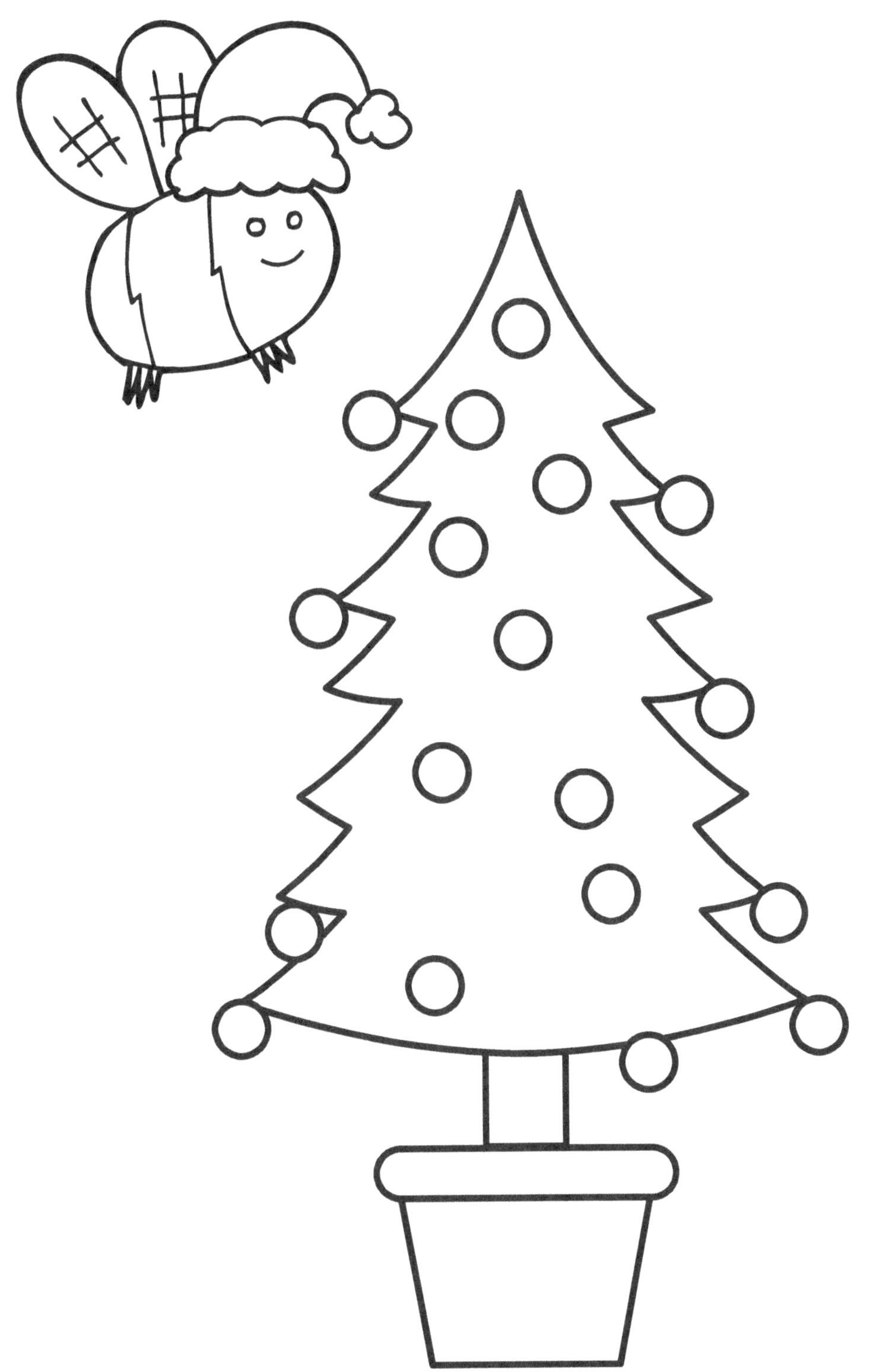

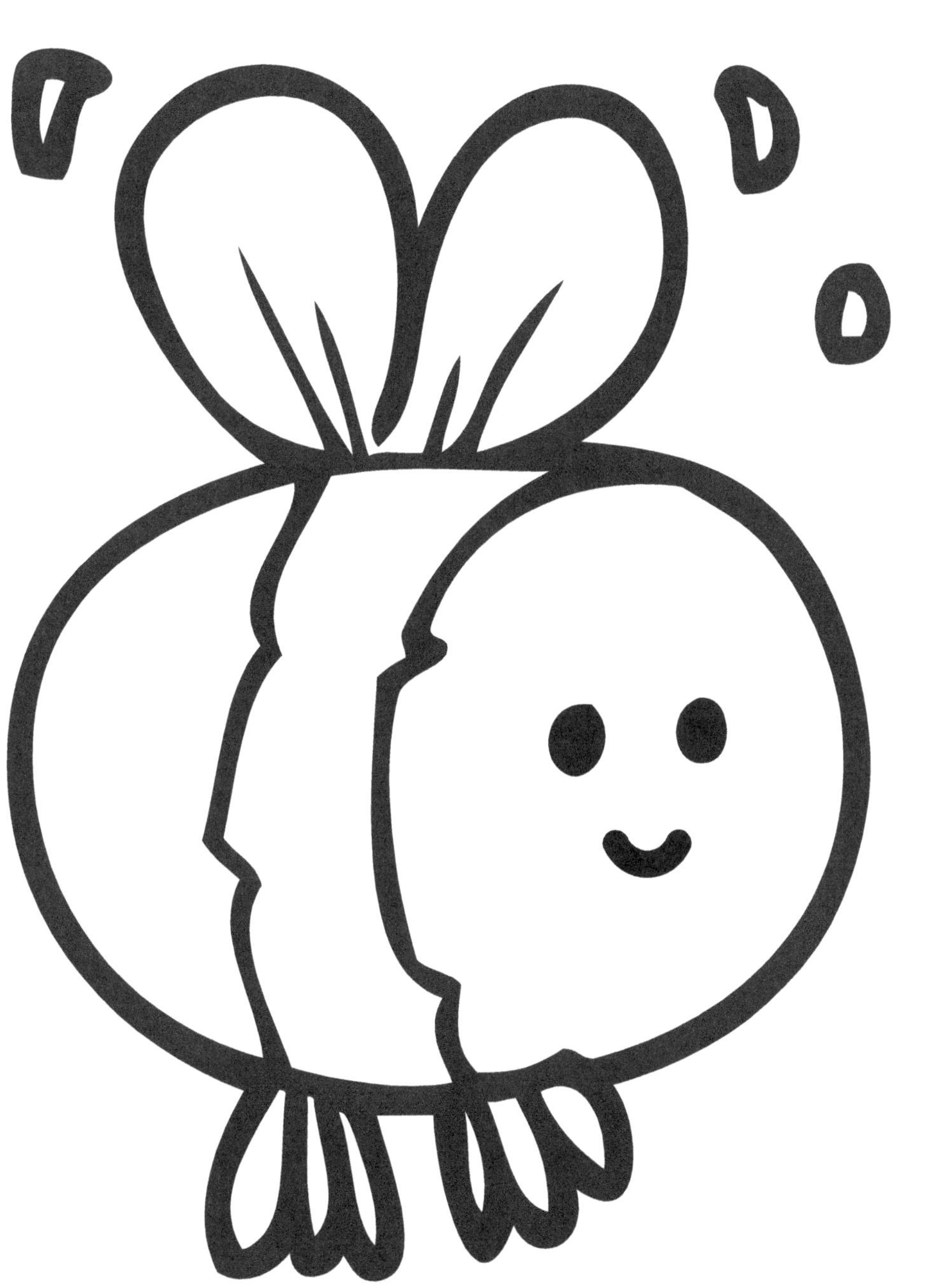

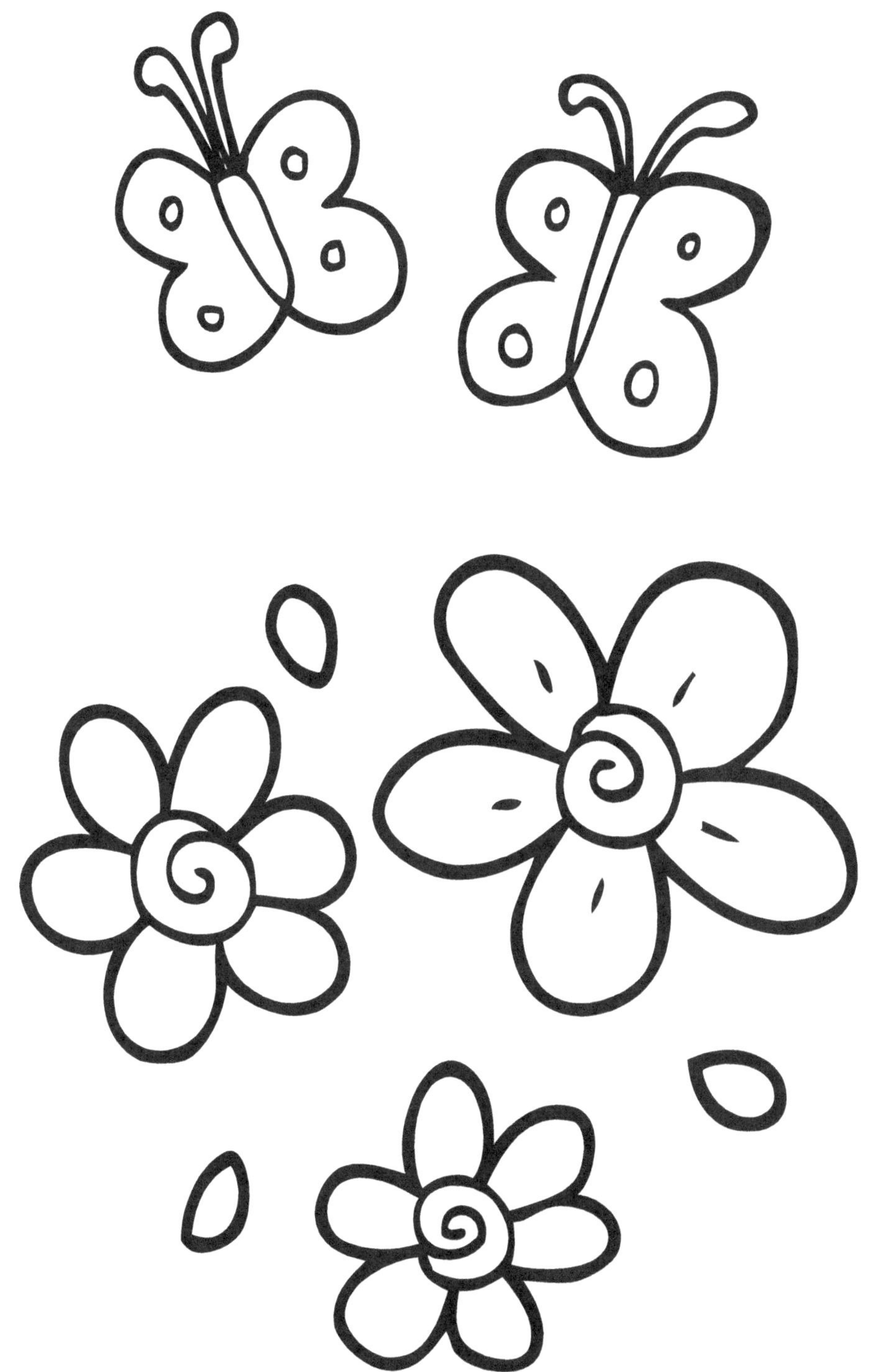

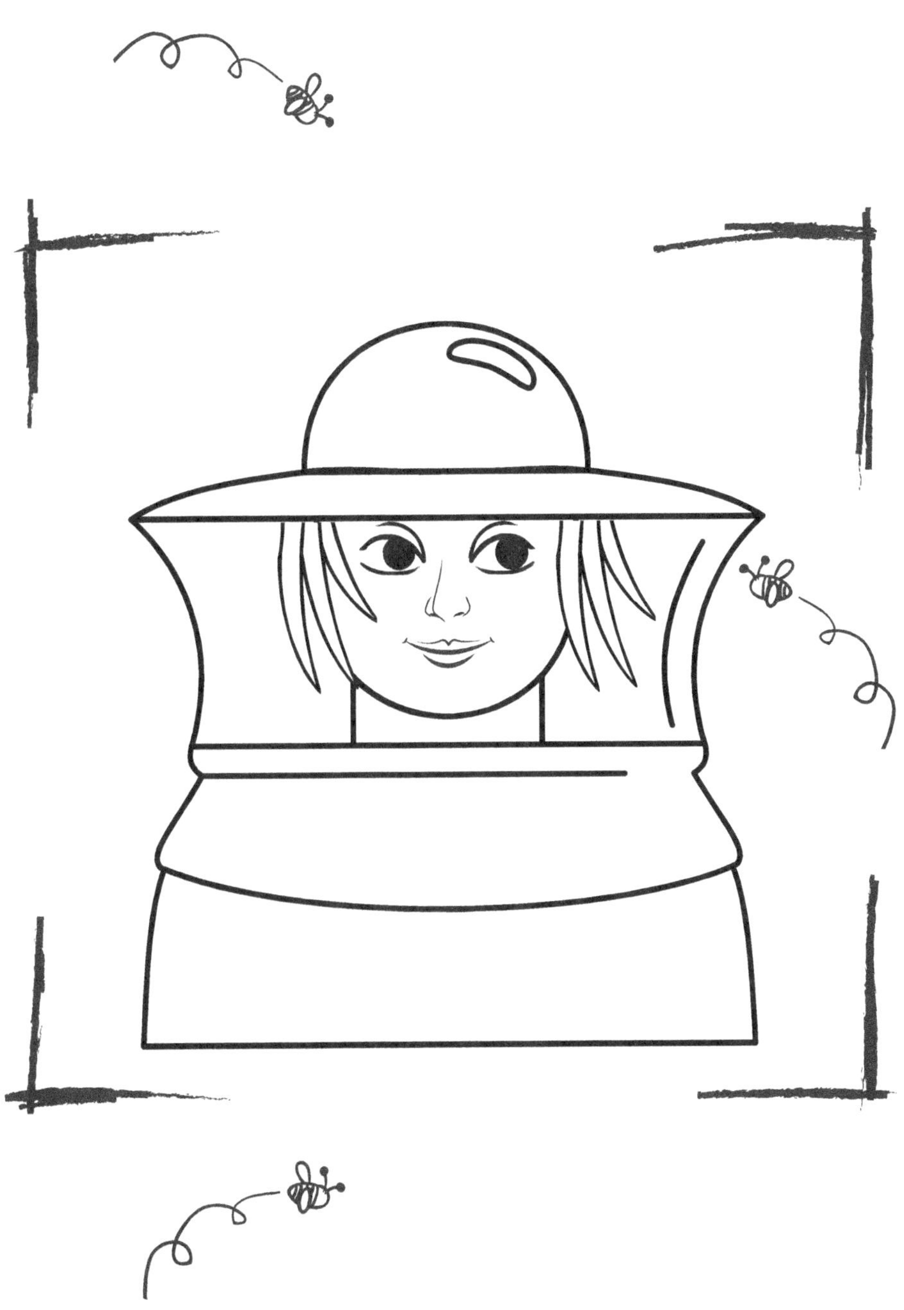

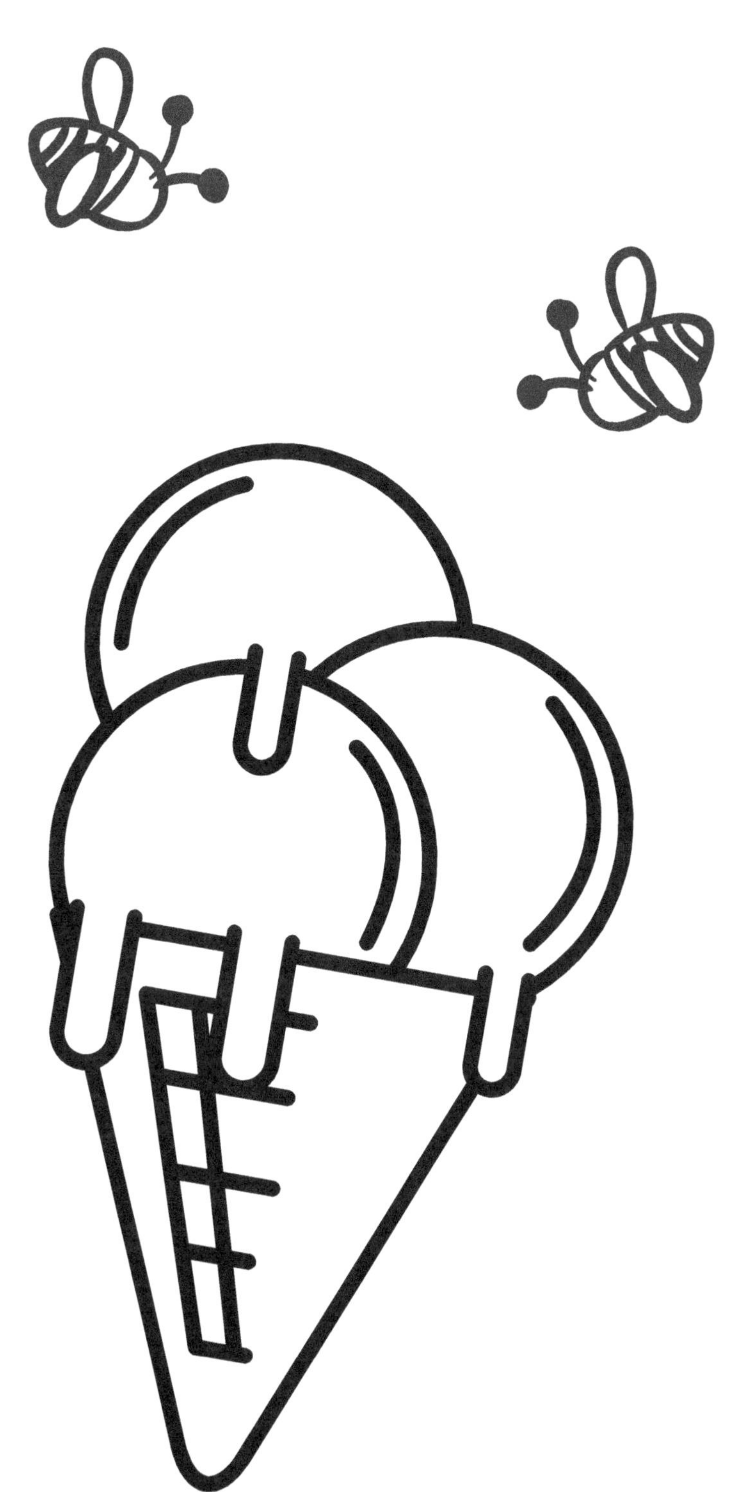

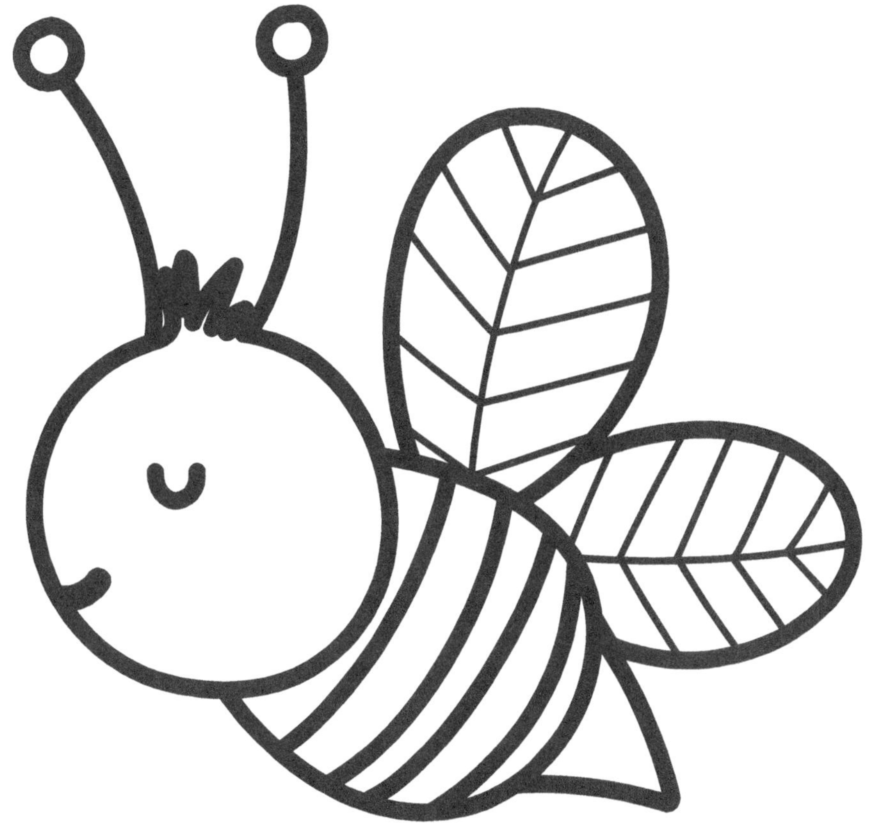

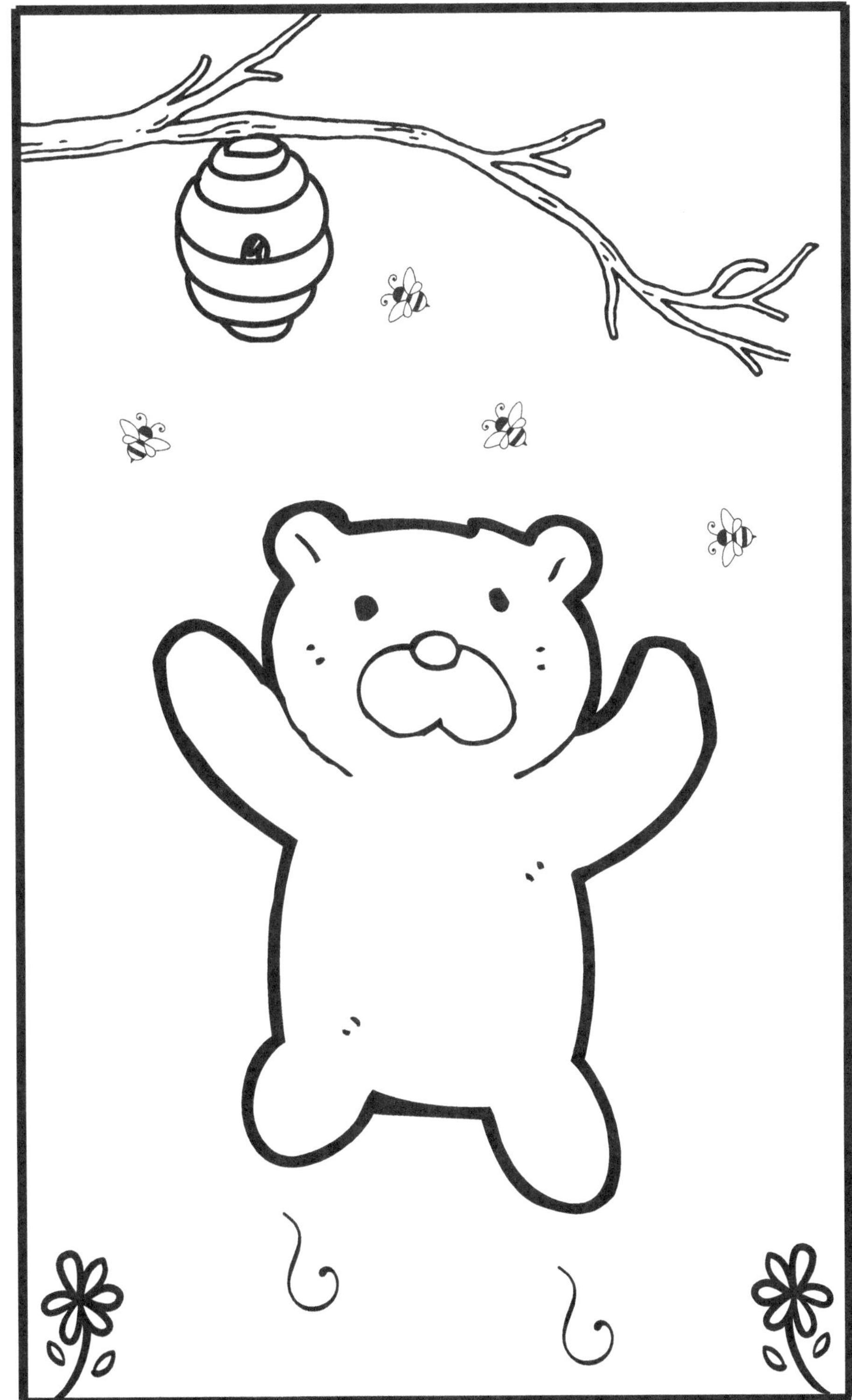

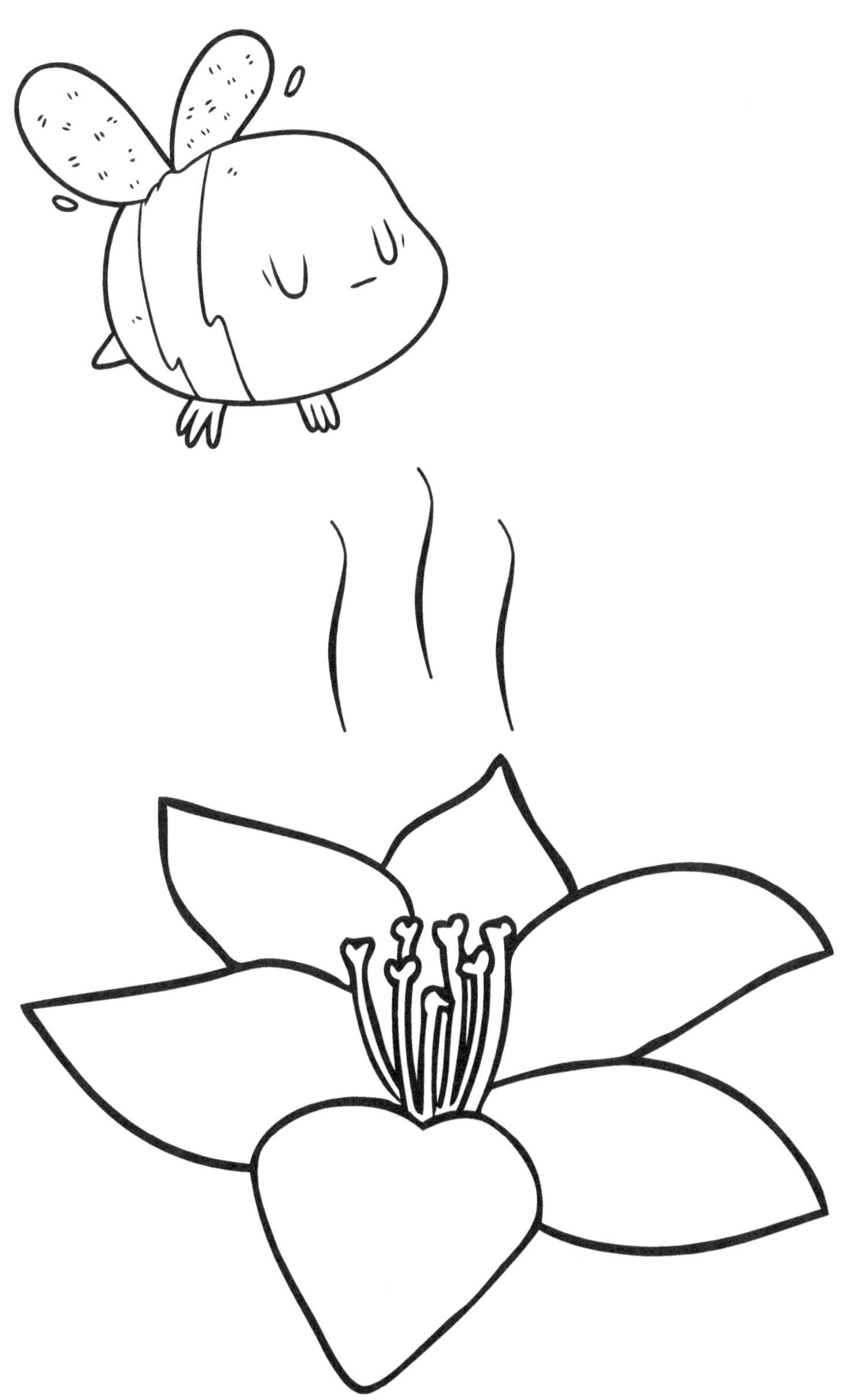

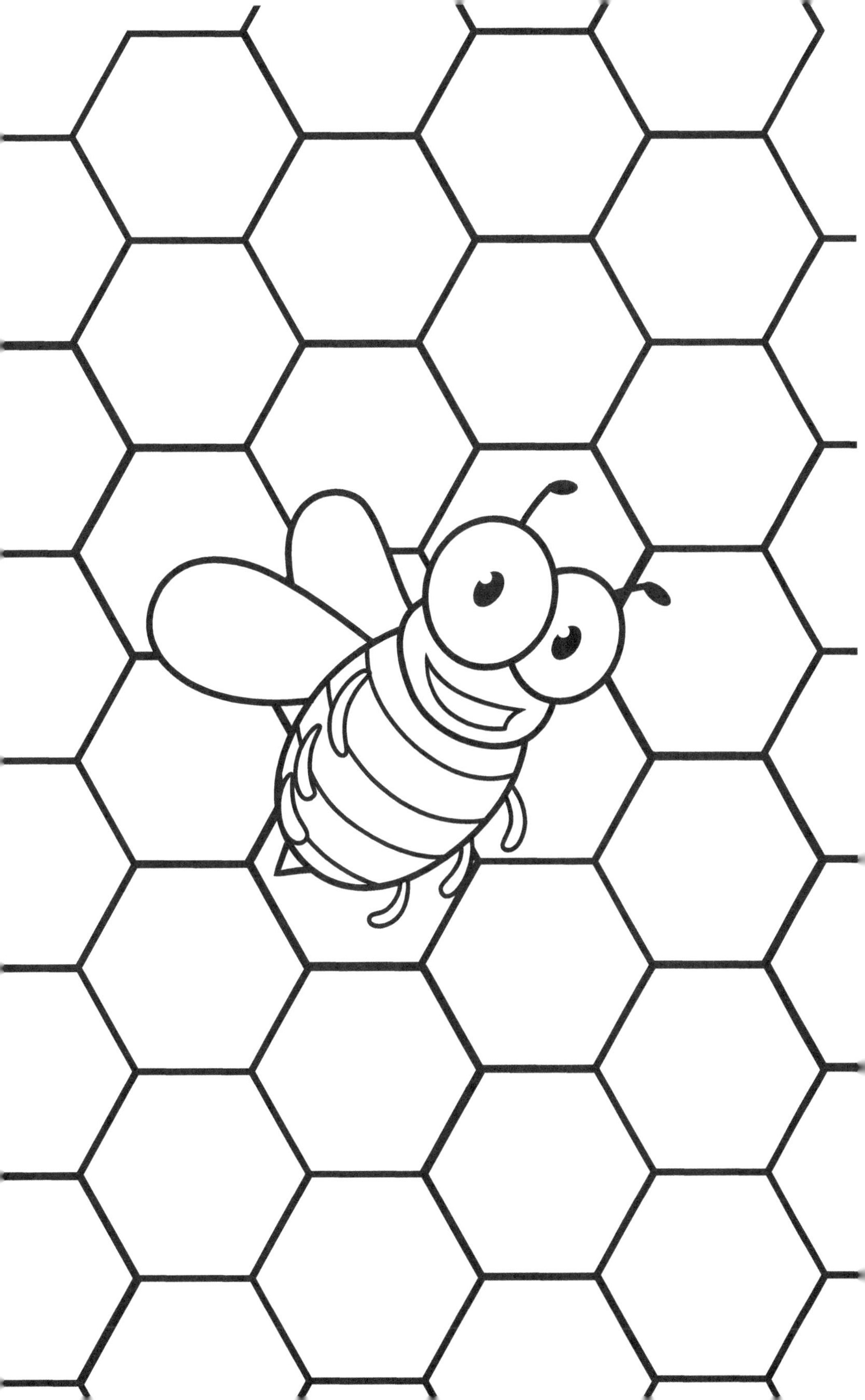

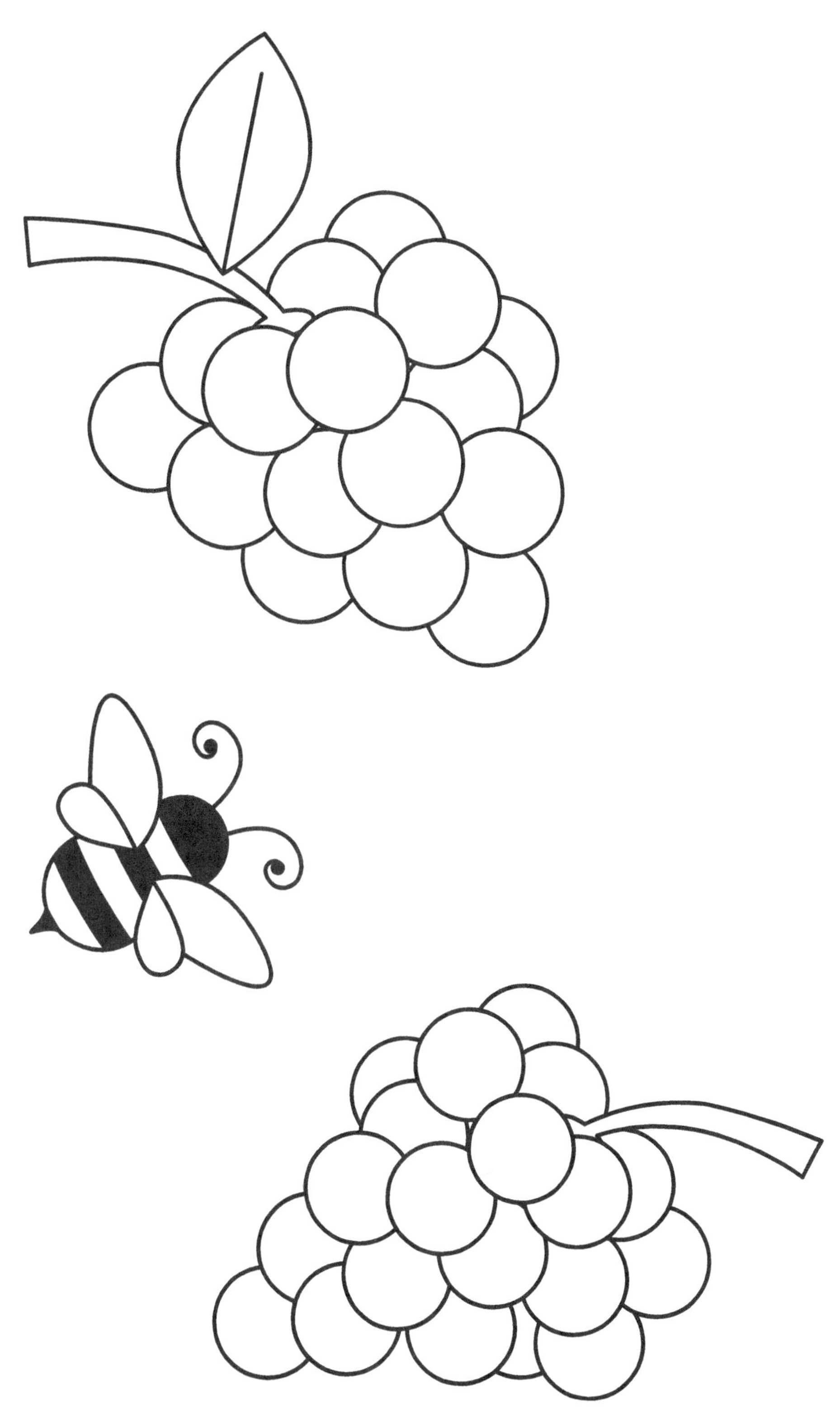

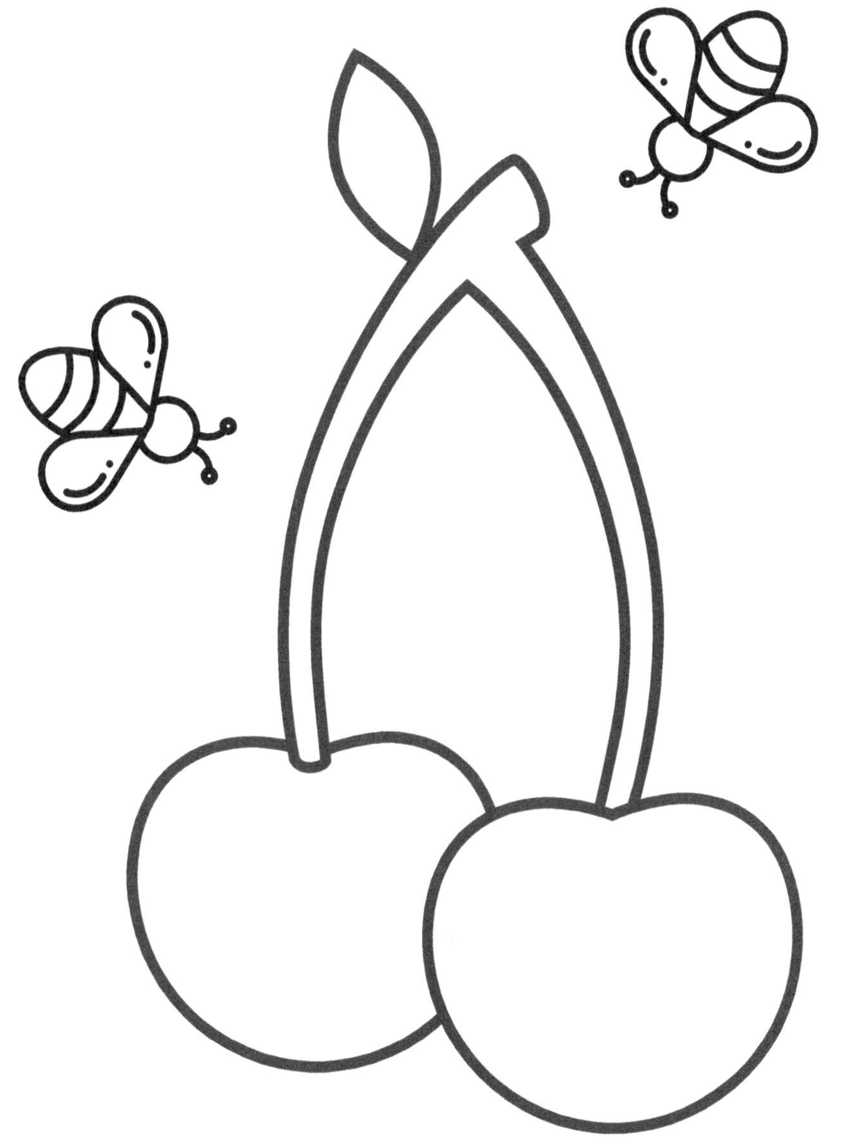

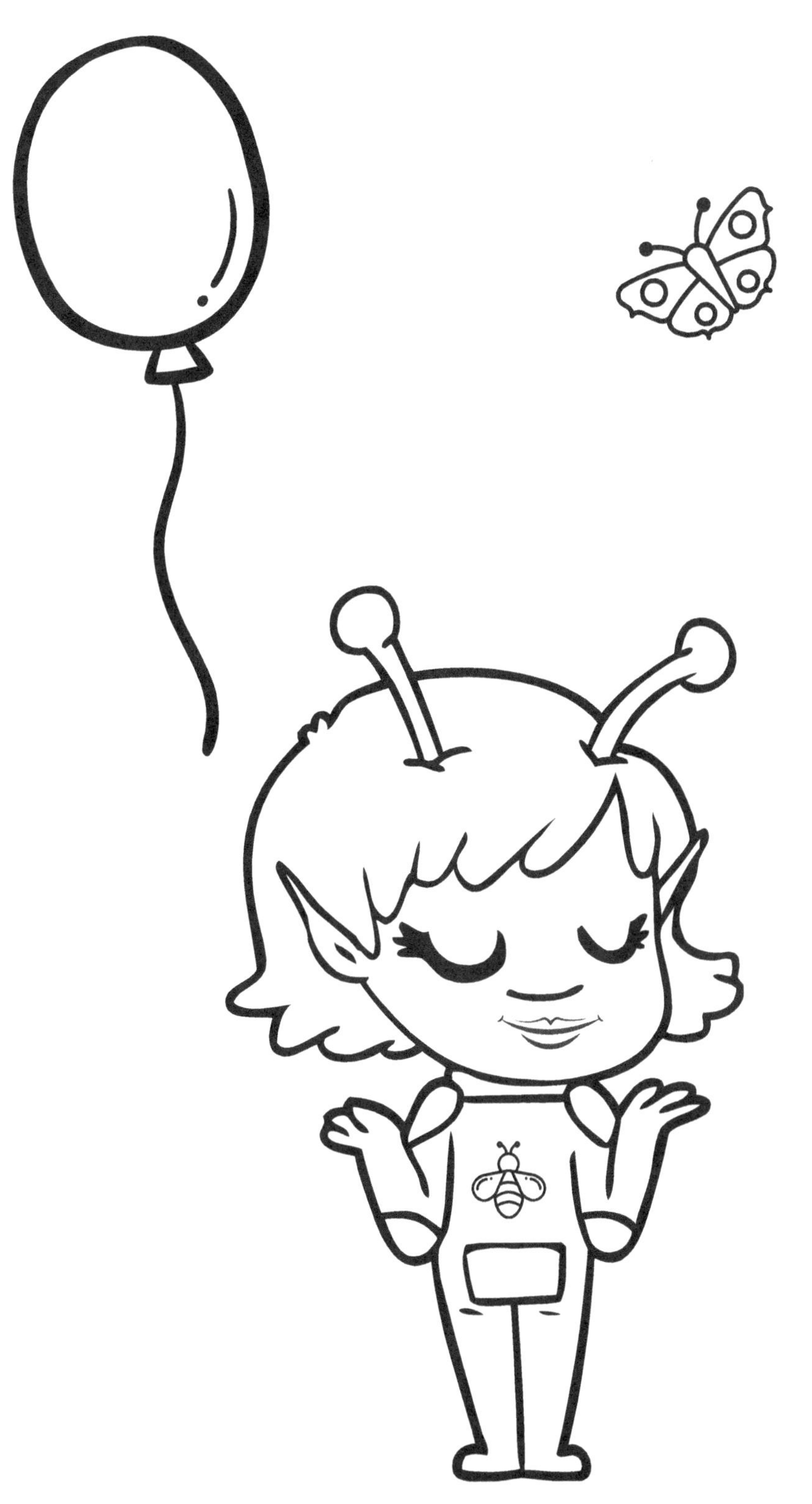

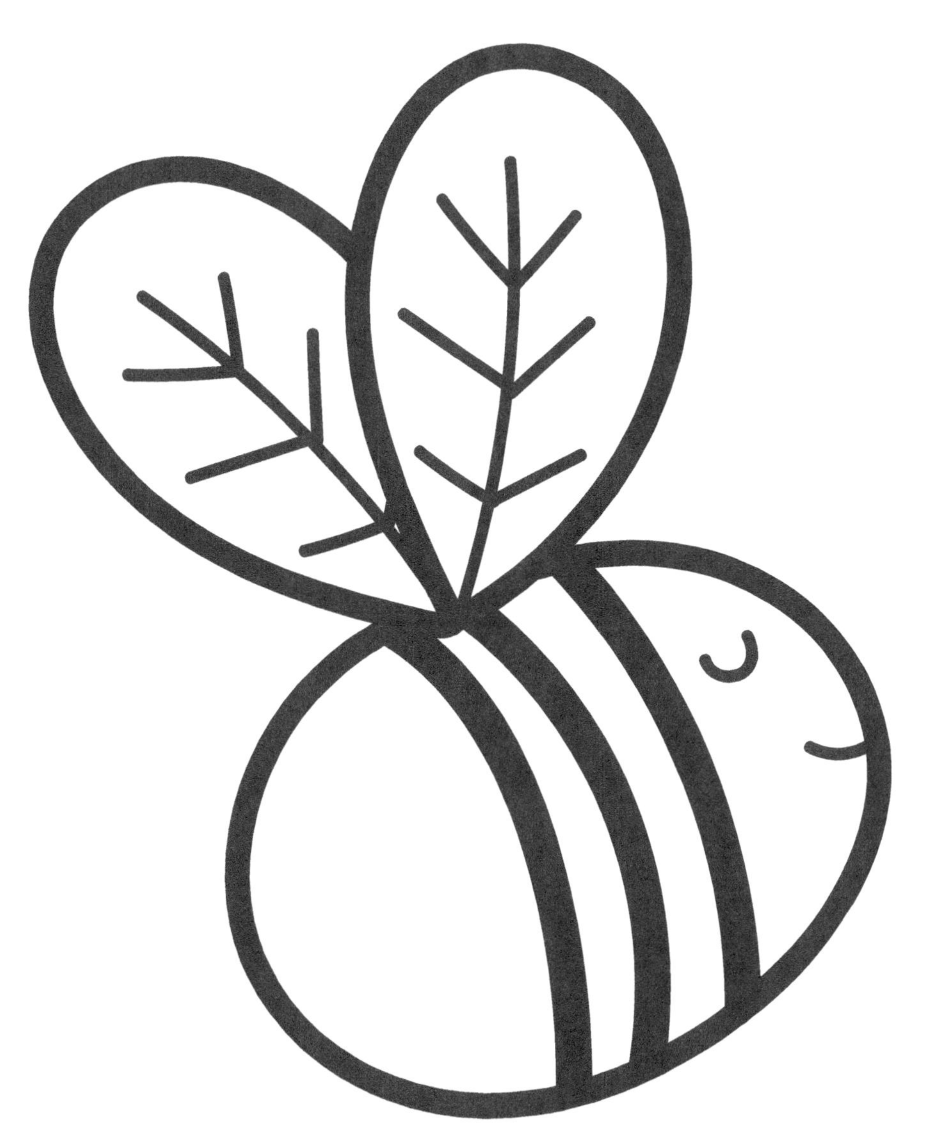

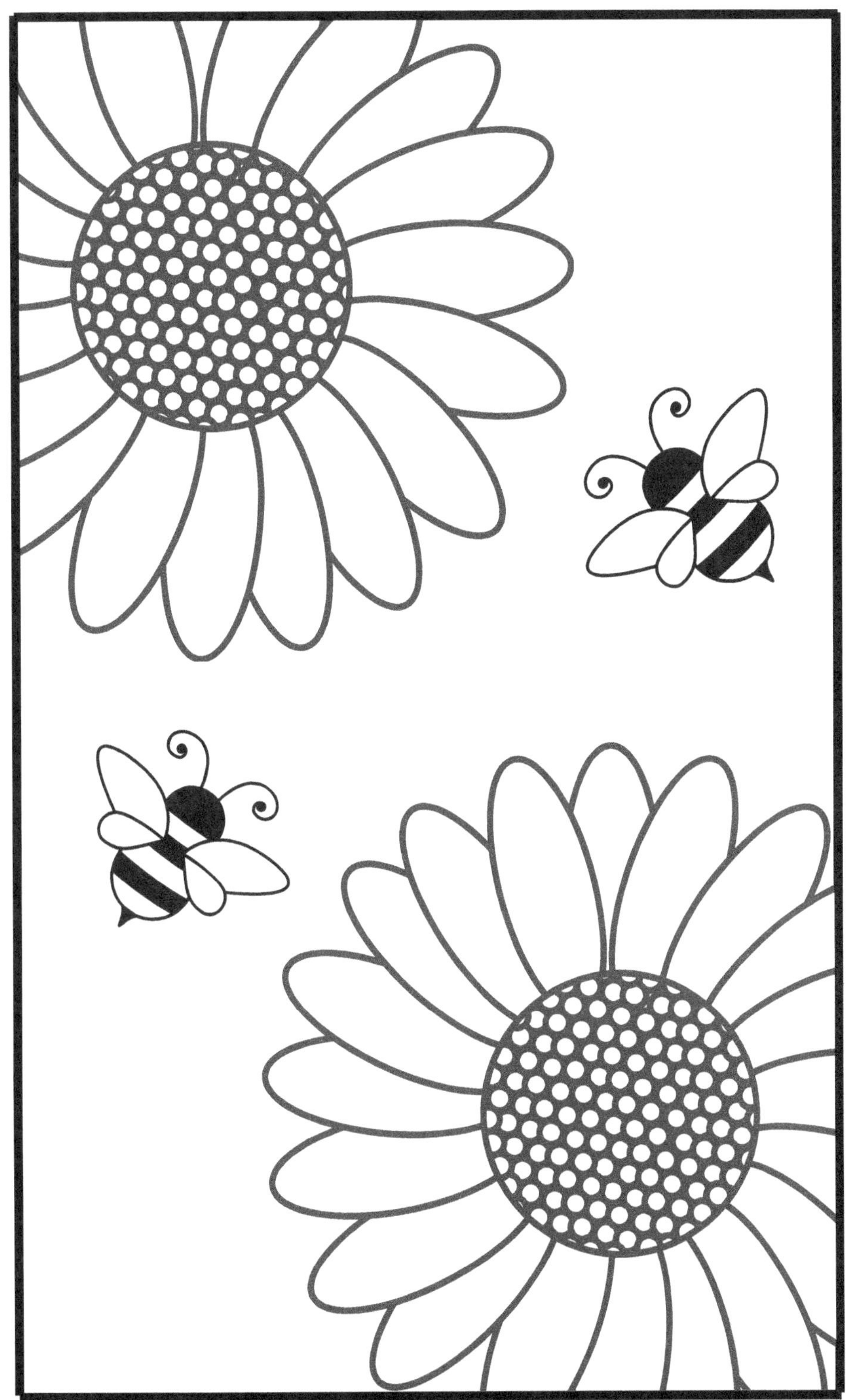

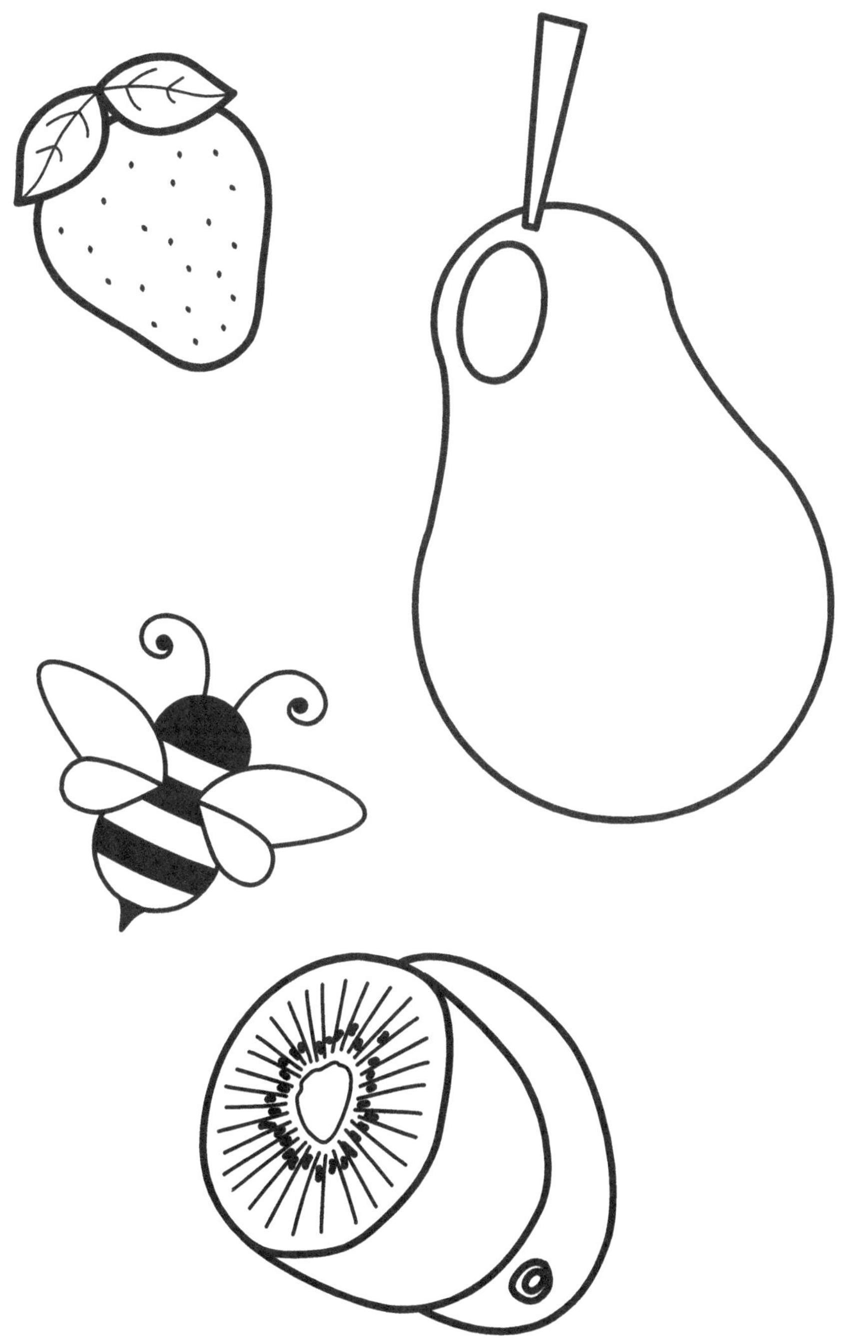

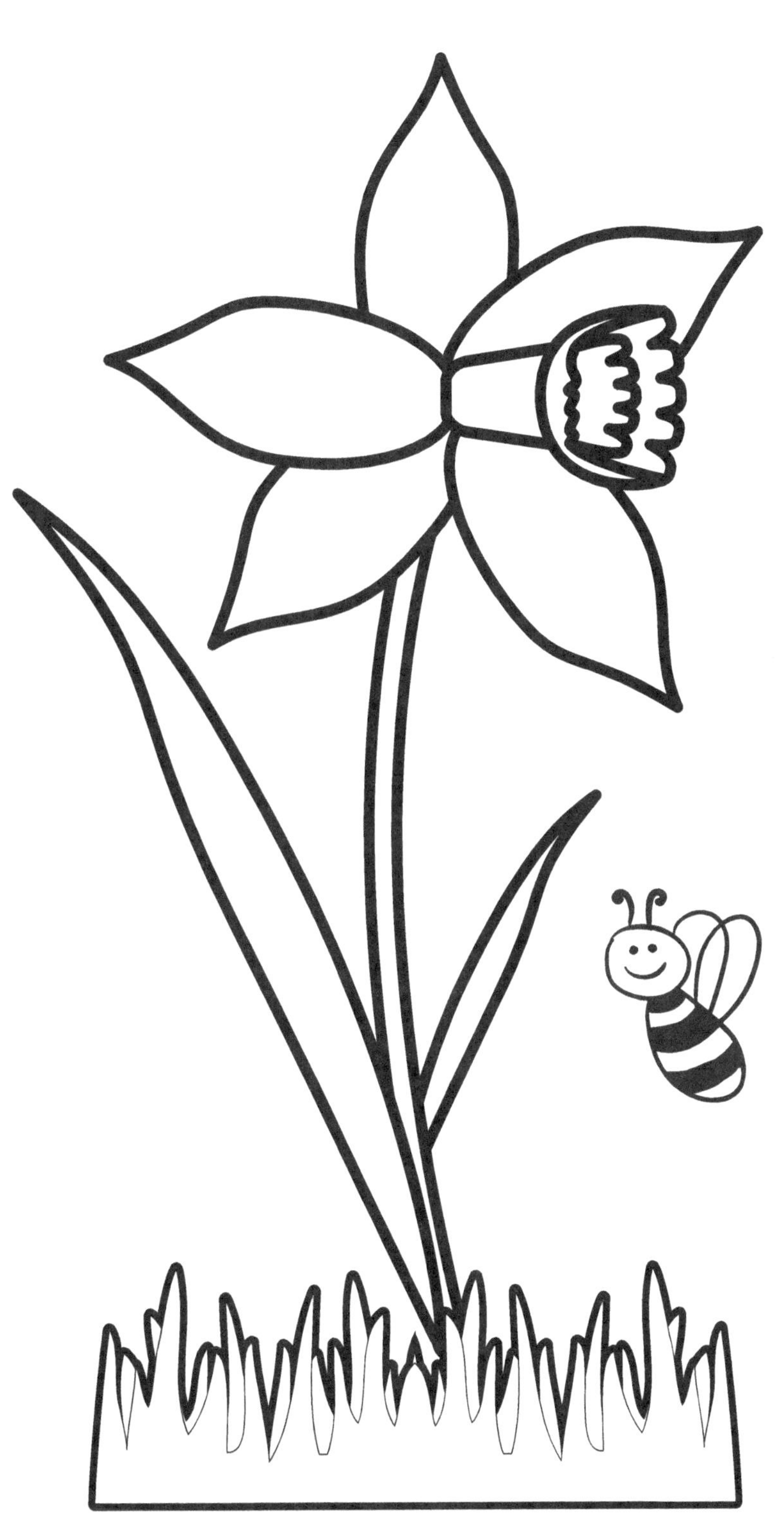

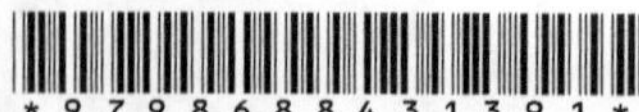
9 798688 431391